AF248109

KIVA

EN ALGÉRIE

(SOUVENIRS)

GÉRYVILLE

PARIS
11 Place St-André-des-Arts, 11.

LIMOGES
46, Nouvelle route d'Aixe, 46.

IMPRIMERIE ET LIBRAIRIE MILITAIRES

Henri CHARLES-LAVAUZELLE

ÉDITEUR

1892

Librairie militaire Henri Charles-Lavauzelle

Paris, 11, *place Saint-André-des-Arts.*

Les Leçons de la guerre, par Ch. Desprels, colonel d'artillerie en retraite, commandeur de la Légion d'honneur. — Vol. in-8º de 500 p., broché 7 50

Histoire militaire de la France, de 1643 à 1871, par Emile Simond, lieutenant au 28e de ligne. — 2 volumes in-32, brochés................. 1 »
Reliés toile anglaise.................................... 1 50

Ministère de la guerre. — Histoire militaire, avec 12 cartes. — Volume in 18 de 246 pages........................ 4 50

L'Armée française a travers les ages, par L. Jablonski :
Tome Ier. — *Première partie :* Des origines de notre pays jusqu'à Philippe le Bel.
Deuxième partie : De Philippe le Bel à la bataille de Fontenoy. — Volume in-12 de 500 pages, broché.................... 5 »
Tome II. — *Troisième partie :* De Louis XIV à la Révolution.
Quatrième partie : L'Armée pendant la Révolution et sous l'Empire. — Volume in-12 de 480 pages, broché..................... 5 »
Tome III. — *Cinquième partie :* de la Restauration jusqu'à 1848.
Sixième partie : de 1848 à 1870. — Volume in-12 de 540 pages, broché...................................... 5 »
Tome IV. — (*Sous presse.*)

Etude sommaire des campagnes d'un siècle, par le capitaine Ch. Romagny, ex-professeur adjoint de tactique et d'histoire à l'Ecole militaire d'infanterie.
Campagne de 1813. — 1 volume (4 cartes).
— 1814. — 1 volume (1 carte).
— 1815. — 1 volume (1 carte).
— 1859. — 1 volume (1 carte).
— 1866. — 1 volume (4 cartes).
— 1877-78. — 1 volume (3 cartes).
6 volumes in-32, brochés, l'un.................................. » 50
Reliés toile anglaise .... » 75

Précis historique des campagnes modernes. Ouvrage accompagné de 36 cartes du théâtre des opérations, à l'usage de MM. les candidats aux diverses écoles militaires. — Volume in-18 de 224 pages, broché..... 3 50

Précis historique des faits militaires mémorables depuis la première Révolution jusqu'à nos jours. — Brochure in-18 de 48 pages........ 1 »

La Vérité sur la campagne de 1815. — Brochure in-8º de 84 pages.. 2 »

Organisation et rôle de la cavalerie française pendant les guerres de 1800 a 1815. — Brochure in-8º de 104 pages................... 2 50

Deux Campagnes a l'armée d'Helvétie. Précis des opérations de la 38e demi-brigade et de la division Lecourbe (Extrait de *l'Historique du 38e régiment d'infanterie*), par le capitaine d'Izarny-Gargas. — Volume in-32 de 123 pages, broché................................. » 50
Relié toile anglaise .... » 75

Crimée-Italie. — Notes et correspondances de campagne du général de Wimpffen, publiées par H. Galli. — Vol. grand in-8º de 180 p. 5 »

Rosbach et Iéna, par le général Colmar von der Golz, traduit avec l'autorisation de l'auteur, par le commandant Chabert, du 20e régiment de chasseurs. — Fort volume in-8º cavalier, avec deux plans coloriés.... 10 »

Guerre franco-allemande de 1870-1871, par le capitaine Ch. Romagny, lieutenant, ex-professeur d'histoire et de géographie à l'Ecole militaire d'infanterie. Ouvrage accompagné d'un atlas comprenant 18 cartes-croquis en deux couleurs. — Volume grand in-8º de 392 pages, et l'atlas.................................. 10 »

Cet ouvrage a été honoré d'une souscription du ministère de l'instruction publique et d'une médaille d'honneur de la Société d'instruction et d'éducation.

EN ALGÉRIE

GÉRYVILLE

KIVA

EN ALGÉRIE

(SOUVENIRS)

GÉRYVILLE

PARIS | **LIMOGES**
11 Place St-André-des-Arts, 11. | 46, Nouvelle route d'Aixe, 46.

IMPRIMERIE ET LIBRAIRIE MILITAIRES

Henri CHARLES-LAVAUZELLE

ÉDITEUR

1892

EN ALGÉRIE

SOUVENIRS

GÉRYVILLE (1)

Latitude : 33° 40'.
Longitude : 0° 16' 30".

Le vent souffle en tempête et couvre d'une nappe de sable l'oasis. Beaucoup de chaleur en été, de grands froids en hiver, du vent en toute saison, telle est, nous dit un officier, la température normale. La ville ne mérite guère le nom d'El-Biod (la Blanche) sous lequel la désignent les indigènes. Les maisons, bâties en briques de terre séchées au soleil, ne sont point blanchies à la chaux.

Le dernier dénombrement indiquait 1,021 maisons; ce chiffre, qui paraît exagéré, est admissible lorsqu'on constate que certaines maisons arabes sont de véritables gourbis ayant à peine 2 mètres carrés. Ces demeures n'ont qu'un rez-de-chaussée.

L'eau est fournie par l'oued El-Biod et des puits nombreux.

L'altitude exacte de Géryville est de 1,305^m,75.

La ville, fondée en 1853 alors que Si-Hamza, aujourd'hui notre ennemi, était khalifat du Sud, doit son nom au colonel Géry qui, en 1845, parcourut le pays avec une colonne et, après avoir battu Si-Hamza et les Ouled-Sidi-Cheikh, força Abd-el-Kader à se réfugier au Maroc.

---

(1) Les premières constructions européennes et le camp établi près du Ksar s'appelaient Lignyville ; cependant, ce fut le colonel Géry qui conduisit dans cette région la première colonne en 1845.

C'est un poste militaire occupé par 165 Européens ou Israélites et 694 musulmans. Quelques M'zabites et Juifs vendent des épices et des étoffes; les Européens sont débitants de liquides. Les maisons des Israélites se reconnaissent facilement à la teinte bleue ou rose tendre dont ils ont badigeonné les cours intérieures.

Il existait autrefois chez les Turcs une loi réglant les couleurs des maisons d'après la religion des habitants. A Constantinople, les édifices publics et sacrés étaient blancs, les maisons juives violettes, les maisons grecques gris foncé, le quartier arménien était gris cendré clair, les demeures des mahométans étaient badigeonnées en jaune ou en rouge. Au Maroc, les Juifs sont encore astreints à porter des vêtements d'une certaine couleur.

Beaucoup de maisons arabes, surtout celles des commerçants, ont sur le mur soit une empreinte de main trempée dans le henné, soit un fer à cheval suspendu au mur. Ces objets sont destinés à détourner la mauvaise chance.

Le cercle, qui comptait avant l'insurrection 17,160 habitants, n'en possède plus, d'après une statistique récente, que 5,760. Le reste est en fuite ou en défection.

La superficie de l'oasis est environ de 1,000 mètres sur 800 mètres.

Le quartier européen se groupe près du fort qui, entouré d'une simple chemise en pierres et sans fossés, contient tous les services militaires administratifs, sauf le bureau arabe qui forme une construction séparée à l'est.

Au nord de ce bordj se trouvent la pépinière, les bains maures, le camp de la colonne près duquel coule l'oued El-Biod. Entre la pépinière et le bordj, deux bassins ombragés par des saules pleureurs, forment un lac ayant environ 200 mètres de longueur sur 20 mètres de largeur. L'eau de ce lac minuscule provient d'une source qui sourd près du Cercle des officiers et d'un ruisseau venant du

Chabet-el-Khadem (ravin de la Négresse). On y voit des poissons nommés barbeaux.

Au sud s'élèvent les bâtiments d'une bergerie modèle et les baraques occupées par la garnison en temps ordinaire.

A l'ouest, près de l'oued Mérirès, sont les cimetières et le Cercle militaire dont la façade s'ouvre sur les jardins de la pépinière. Une redoute en terre dans laquelle se dresse la tour de Ligny protège le sud-ouest de la ville et est adossée au fort.

Au nord-est, on aperçoit sur les hauteurs la koubba de Sidi Abd-el-Kader ben Djilali, patron des malheureux, des voleurs et des voyageurs.

Le soir de notre arrivée, les sons d'une *raïta* (flûte) et du *gallal*, sorte de tambour sur lequel on tape avec les mains, annonçaient un mariage, et des danseuses arabes, couvertes de leurs plus riches vêtements et réunies dans une cour éclairée par la lune et quelques bougies fichées en terre, se balançaient aux sons des instruments. Ce genre de fête se nomme une *nébitta* et non une *bitta*, ainsi que prononcent les Européens ; ces danseuses sont des prostituées fournies par les ksours de Brezina, Stitten, Rassoul et même El-Abiod Sidi Cheikh, le ksar des marabouts.

Ces femmes, qui exhalent des senteurs âcres et dont les danses sont parfois obscènes, ne rappellent guère les bayadères des harems d'Orient, embaumés par les jasmins et les roses que chantent les poètes. Avec leurs mains jaunies par le henné (1), leur peau brune, les sourcils noircis avec du goudron liquide, elles nous ont paru moins belles et moins bien conformées que les O'Naïl, de la province d'Alger, qui exercent la même profession. Cela tient sans

---

(1) Le henné, *lawsonia inermis* (LINNÉ), croît dans la région des palmiers. Dans la province d'Oran, il est cultivé dans les sables chauds des environs de Mostaganem. Ses feuilles séchées, broyées et délayées dans l'eau donnent une couleur rouge orangé avec laquelle les femmes arabes se teignent les ongles et la paume des mains.

doute à ce qu'elles appartiennent à la race des Ksouriens, race dégénérée, méprisée par l'Arabe de la tente, étiolée par les fièvres, la misère et les maladies sans noms.

Les indigènes se promènent gravement au milieu de cette fête, gravité affectée qui recouvre leurs vices, car plus on fréquente les Arabes, plus on constate que la lenteur, la froideur, ce qu'on a appelé la dignité de leur démarche provient surtout de leur mollesse et disparaît dès que leur intérêt ou leurs passions sont en jeu. La propreté, les burnous blancs des chefs ne sont que des locutions; la sobriété de l'Arabe n'est qu'un mot, il n'est sobre que par intérêt ou lorsqu'il ne peut faire autrement.

On parle dans les groupes des nouvelles apportées par un *reggab* (émissaire) envoyé dans l'ouest. Cet espion affirme que les marabouts ont fait alliance avec le chérif de Madaghra, qui commande un fort parti de la tribu marocaine des Beraber, et qu'ils attaqueront avant peu de temps la province par l'ouest et le sud. Ce bruit contredit une nouvelle, donnée précédemment, qui disait que Sliman ben Kaddour et Kaddour ben Hamza s'étaient séparés à la suite de razzias et de batailles entre leurs gens et prêtait au chérif de Madaghra l'intention de chasser les trois marabouts du Maroc. Ces bruits provenaient des Douï-Menia, Marocains de la frontière, auxquels l'autorité a cru devoir accorder le libre parcours sur le territoire algérien en récompense de services rendus à la cause française.

Allah issefer oudjchoum ! Que Dieu leur jaunisse la face ! dit un des auditeurs en faisant allusion aux dissidents.

La colonne en station à Géryville comprend environ 1,200 hommes. Elle se compose de : un bataillon du 81e régiment de ligne, un bataillon de la légion étrangère, un escadron de spahis, une section d'artillerie et un convoi de 500 chameaux et 120 mulets.

Des ordres ont été donnés pour la formation d'une compagnie montée. A notre avis, cette compagnie, qui ne doit pas être désignée au hasard parmi les fractions constituées, ne rendra des services que si elle est composée avec des volontaires énergiques et entraînés, choisis parmi les troupes françaises et indigènes, et sera montée avec des chevaux. Le combat n'est possible que si ces conditions sont remplies. Le mulet, malgré ses autres qualités, est un animal rétif, difficile à conduire, difficile à maintenir et à monter si on a mis pied à terre. Les soldats de la compagnie franche ont été massacrés à Hassi-ben-Salem, alors qu'ils escortaient la mission de Castries, parce qu'ils étaient embarrassés par leurs mulets qui n'obéissaient pas et qu'ils ne voulaient pas abandonner. Le fait nous a été certifié par un officier témoin oculaire du combat.

L'armement aussi devra être modifié, et le mousqueton d'artillerie et le revolver substitués au fusil d'infanterie trop long et gênant. Cette troupe a pour mission l'exécution des coups de main. Il est nécessaire qu'elle puisse agir seule et rapidement en toutes circonstances. Composée différemment, elle ne sera plus une contre-guerilla destinée à être opposée aux bandes insurgées ou à accomplir une razzia et, à part de rares circonstances, ne pourra être employée qu'à faire le service de garde ou les corvées, telles que le remplissage de l'équipage d'eau, lorsque, après une marche forcée, les autres troupes arriveront épuisées au lieu choisi pour camper.

Les chameaux qui composent le convoi de la colonne sont des bêtes du Sud, plus petites mais plus résistantes que celles du Tell et habituées à la nourriture du Sahara. Les caravanes qui vont au Touat et au Gourara, faute de drin et d'alfa, nourrissent ces animaux avec de l'achef; c'est ainsi qu'on appelle les dattes non venues à maturité, et au besoin simplement avec des noyaux de dattes que les chameaux broient et triturent avec leurs puissantes mâchoires. Ces bêtes, habituées à de longues marches sans eau, sans pâturages, sous un soleil ardent dans les *aregs* (dunes de sable), rendent à l'armée d'Afrique d'immenses services qu'on ne pourrait obtenir ni des mulets ni des chevaux. La différence est facile à établir. Il suffit de calculer ce que coûtent les convois de vivres transportés de Tafaraoua par les voitures qui suivent péniblement la route, marchent à petites journées d'environ 30 kilomètres, sont forcés d'emporter au moins cinq rations journalières d'orge pour les cinq ou six chevaux ou mulets qui traînent chaque charrette, et les convois portés par les chameaux qui marchent depuis le lever du soleil jusqu'à la nuit, trouvant leur nourriture dans les plaines d'alfa qu'ils traversent. En présence des dépenses considérables causées par ces convois qui se renouvellent tous les quinze jours, il est permis de s'étonner de ne point voir un embranchement du chemin de fer fonctionner du Kheider à Géryville.

La rapidité des communications eût été quintuplée puisque les convois mettent cinq jours pour venir de Tafaraoua, et au moins triplée puisqu'ils emploieraient trois jours pour venir du Kreider alors que des trains pourraient franchir en moins d'un jour les 110 kilomètres qui séparent Géryville de ce point.

Les travaux d'art eussent été nuls : point de falaises pour entrer ou sortir du chott Chergui, pas de travaux de terrassement dans les grandes plaines qui s'étendent de Haci-ben-Attab à Géryville. Admettons que les courbes nécessaires aient augmenté la distance de 10 kilomètres et que le prix de revient se soit élevé à 15,000 francs par kilomètre, — nous exagérons le parcours et le prix à dessein, — la construction de la voie ferrée eût coûté 300,000 francs.

Les chiffres précis nous manquent, mais il est certain qu'on peut démontrer, en additionnant les sommes dépensées pour les convois de voitures et de chameaux (il y a eu des convois qui ont coûté plus de 80,000 francs), les escortes, les voyages de la troupe, que le chemin de fer eût été payé rapidement, surtout si on avait employé à ce travail les compagnies de chemins de fer du génie militaire. Or, au point de vue politique, stratégique et économique, la nécessité de cette voie est incontestable (1881).

La grande culture est nulle à Géryville; quelques hectares sont ensemencés d'orge à l'entrée des gorges, mais ne produisent que grâce aux canaux qui déversent les eaux de l'oued au milieu des terres. Il a plu l'hiver dernier, mais depuis quatre années il n'y avait pas eu de pluie, car on ne peut donner ce nom aux quelques gouttes d'eau tombées à la suite des tempêtes de vent qui ensevelissent sous le sable les rues de la ville. Ce sable, qui plus au sud a fait disparaître des oasis dont on ne constate aujourd'hui l'existence que par la présence de quelques têtes de palmiers qui, devenus sauvages, émergent au milieu des dunes, s'accumule contre les enceintes extérieures qu'il finit par franchir. C'est un danger permanent qui s'est affirmé sérieusement depuis quelques mois et on attribue cet envahissement, lequel nécessite des corvées régulières, à la destruction, par les colonnes, de l'alfa qui poussait dans les plaines au sud de la ville, direction presque constante d'où soufflent les vents violents.

Sur les bords de l'oued El-Biod, nous rencontrons des Gourariens (indigènes de Gourara) qui travaillent dans les jardins ou lavent du linge en le battant avec leurs pieds. Beaucoup sont d'anciens esclaves nègres affranchis. Le soir, ils se réunissent pour danser sur des airs de leur pays, et les musiciens sont les danseurs. A la flûte arabe et au tambour qu'il battent avec une seule baguette, ils joignent des palettes en fer, sortes de castagnettes doubles, qu'ils nomment *karkabou*. Le tapage de ces instruments, mêlé aux chants des noirs, produit une mélodie effroyable qui fait fuir les chiens, mais grise complètement les exécutants.

Malgré notre surveillance, la traite se pratique encore au Sud de la colonie, mais nous avons pu constater que le nègre esclave ne ressent nullement la torture morale que lui attribuent les humanitaires et les romanciers. Il subit sans angoisse une situation prévue dans les chances de l'existence des habitants de l'Afrique centrale, et sait fort bien qu'il est protégé par la loi islamique. Il méprise même une race noire libre qu'on rencontre dans les ksours et à laquelle les Arabes ont donné le nom d'Artani, race qui, comme celle des Ksouriens, a dégénéré physiquement et moralement.

Du reste, les improvisateurs qui parcourent les tribus chantent une rapsodie curieuse d'après laquelle Dieu aurait créé tous les hommes noirs. Ils ajoutent que ce n'est qu'à la suite d'une aventure arrivée aux fils de Noé que la race humaine changea de couleur. D'après cette rapsodie, Sem, Cham et Japhet, le déluge étant terminé, établirent leur campement auprès du paradis terrestre. Les eaux avaient détruit le jardin de délices mais avaient respecté la piscine destinée à Adam et Eve.

Or, d'après la tradition, cette piscine devait tarir dès qu'un humain aurait découvert la vertu de ses eaux. Eve n'avait pu résoudre Adam à éclaircir ce mystère ; quant à elle, la crainte l'avait toujours empêchée de se baigner. Dieu sait pourtant si elle était curieuse !

Japhet, connaissant la tradition, décida un jour ses frères à l'accompagner pour visiter le bain mystérieux. L'eau était limpide et Japhet leur proposa de rompre le charme.

Sem objecta que c'était une imprudence, attendu qu'en sortant de ce bain ils seraient peut-être des monstres ayant deux têtes et le double de bras et de jambes, et Cham fut de son avis.

Japhet, mécontent de leur refus, se débarrassa alors de son burnous et, excité par la colère, sauta d'un bond dans la piscine où l'eau le submergea entièrement. Après un instant de surprise ses frères, qui le regardaient, poussèrent un cri d'admiration ! Dans le bouillonnement des eaux troublées ils apercevaient en place du nègre Japhet, à la peau noire et huileuse, aux traits grossiers, aux cheveux crépus, un être à la chair fraîche et rose, aux cheveux longs et soyeux.

Sem, transporté de joie, quitta ses vêtements et entra dans la piscine; mais les eaux diminuant rapidement, il se roula dans la vase et le sable dont son corps conserva la teinte.

Quant à Cham, que l'étonnement avait immobilisé, il se jeta près de ses frères en voyant l'eau disparaître, mais la paume de ses mains et celle de ses pieds seules touchèrent la terre encore humide.

Voilà pourquoi, depuis cette époque, les fils de Japhet sont blancs, ceux de Sem jaunes et ceux de Cham noirs.

Les indigènes habitant le cercle de Géryville se divisent ainsi :

1° L'Arabe qui représente le fanatisme et que son esprit d'initiative, son amour de la liberté et de l'indépendance, sa hardiesse rendent redoutables ;

2° Le Berbère qui demeure dans les ksours et qui a l'amour du foyer et l'habitude de la résistance organisée comme le Kabyle du Tell, mais n'est pas aussi courageux ni aussi industrieux ;

3° Le Nègre esclave et l'Artani, qui sont des travailleurs attachés à la glèbe ;

4° Le M'zabite, venu pour s'enrichir par le commerce et qui, conformément à la loi du M'zab, retournera habiter et se marier dans son pays d'origine. Cette race prétend descendre des Moabites ;

5° Le Juif, rapace et avide, pour lequel tous les métiers sont bons ; souple, insinuant, façonné à tous les trafics.

Ces divers races ne se mélangent pas et se détestent ou se craignent. Les M'zabites et les Nègres redoutent l'Arabe pillard.

Les Arabes se moquent de l'esprit calme des Berbères.

« Ils ont un caillou pour cervelle », disent-ils. A quoi les Berbères répondent : « Et vous un tambourin ! » Toutes mépri-
sent le Juif qu'ils appellent : « Ben Kelb, fils de chien ».
Les musulmans fanatiques disent même : « Djifa ben
Djifa ! charogne, fils de charogne ! » en parlant des israélites,
et voici la légende qu'ils racontent pour expliquer cette
injure :

Les Juifs ayant insulté la caravane religieuse, qui chaque
année, conduit les présents de l'islam à la Mecque, furent
frappés de mort; mais les Juives implorèrent Dieu pour que
leur race ne fût pas détruite et obtinrent du Tout-Puissant
que leurs maris ressusciteraient pour une nuit seulement.
Et voilà pourquoi leurs descendants sont appelés : « Djifa
ben Djifa. »

. . . .

A 29 kilomètres environ à l'est de Géryrille se trouve
Aouïnet-bou-Bekeur (les petites sources du père de la
Vierge); c'est là qu'un tombeau a été élevé au colonel Beau-
prêtre, assassiné au mois d'avril 1864 par les Ouled-Sidi-
Cheikh qui purent surprendre le camp et arriver, grâce à
la défection des Harrar, de Tiaret, jusqu'à la tente du colonel qui se défendit jusqu'à la mort.

Lors de notre retour à Géryville, une dépêche nous fait
connaître que les coureurs des marabouts ont razzié, le long
de l'oued Zouzfana, un douar de Douï-Menia auquel ils ont
tué cinq hommes parmi lesquels se trouvait le neveu du
caïd Thaleb-el-Ghazi; et à El-Adour, plus au nord, un
douar d'Ouled-Sidi ben Aïssa, marabouts de Figuig, puis
sont venus jusqu'à 7 kilomètres de cette ville près de
laquelle ils ont enlevé plusieurs troupeaux de moutons
appartenant aux Ouled-Djérir. Est-ce l'avant-garde de l'incursion annoncée? Est-ce une feinte pour tâter le terrain,
faire mouvoir les colonnes afin de découvrir un point quel-
conque de la frontière imparfaitement gardé? L'ennemi
s'est retiré dans l'ouest avec ses prises, dit la dépêche. Ce

n'est donc qu'une alerte. Il nous paraît en effet peu probable que les dissidents attaquent pendant le ramadan (carême musulman). Cependant, comme pendant le *djéhed* (guerre sainte) le jeûne peut être suspendu, le colonel de Négrier a été autorisé par le général Thomassin, qui a succédé au général Delebecque appelé au commandement d'un corps d'armée en France, à se porter de Mécheria sur Figuig avec une colonne et à agir selon les événements.

Le courrier du même jour annonce que les lieutenants Mesnil et Weber (1), de la légion étrangère, blessés à Haci-ben-Salem, ont été décorés ainsi que le capitaine de Castries, qui, étant chef de la mission topographique attaquée, a rallié l'escorte dont tous les officiers étaient morts ou hors de combat. Certes, voici des croix bien méritées et ces nominations compensent un peu la série des récompenses accordées avec trop de facilité à ceux qu'on appelle, dans l'armée, les *fils à papa*.

Le conseil municipal de Tiaret voulant, de son côté, honorer la mémoire du capitaine Barbier, tué en commandant son détachement, a donné le nom de ce soldat à une des rues de cette ville dans laquelle il était né.

Malgré la menace d'une incursion prochaine des marabouts, beaucoup de dissidents demandent l'aman (le pardon) et, de tous côtés, arrivent chaque jour des tentes qui reviennent se mettre sous la protection de l'autorité française. Une trentaine de ces tentes appartenant à des Trafi et, en grande partie, au douar des Ouled-Thaleb-Cheikh, sont campées près de l'oued Mérirès. Quelques autres, dont les chefs sont des Ksouriens d'El-Abiod-Sidi-Cheikh, sont dressées à l'est de la ville. Ces gens paraissent épuisés et ruinés. C'est toujours l'odyssée des Harrar, qui sont déjà revenus ; lors de leur retour ils ont été pillés par les amis et les ennemis. L'autorité militaire les reçoit à merci, se réser-

---

(1) Mort depuis, au Tonkin, en 1884.

vant de traduire devant les conseils de guerre les indigènes les plus compromis et d'interner les autres dans les cercles de Saïda, Frendah et Tiaret. Outre la séquestration et la vente au profit du Domaine, qui a déjà frappé les gens riches, tous les chefs de tente qui ont fait défection sont tenus de payer l'impôt dû pour l'année 1881, puis une contribution de guerre égale au triple du principal de cet impôt, et cela dans un délai de neuf mois.

Nous interrogeons ces Arabes qui, après quelque hésitation, nous avouent que la crédulité inspirée par le fanatisme religieux est la cause de l'insurrection. Nous avons, disent-ils, été entraînés par les conseils de Bou-Amama qui, depuis deux ans, nous annonçait que les temps étaient venus et qu'il fallait chasser l'étranger. Fanatisés par ces prédications, entraînés par l'exemple ou la crainte, nous l'avons suivi après l'assassinat du lieutenant Weinbrenner, qui a fait éclater l'insurrection avant l'époque fixée. On nous jurait que les fusils des Français lanceraient de l'eau au lieu de balles, que Géryville tomberait en notre pouvoir au troisième coup de fusil et les mokaddems annonçaient tant de miracles, certifiés par des témoins, que nous avons fortement cru au succès. Ce n'est que plus tard que nous nous sommes aperçus qu'on nous avait trompés et que nous servions d'instruments à quelques personnalités. « Nous sommes punis, c'est juste, ajoute un indigène avec le fatalisme qui caractérise les Arabes. » Il y a, en effet, plusieurs années que les agissements du marabout de Mograr étaient signalés par les officiers des affaires indigènes de Géryville et de Sebdou à l'autorité supérieure. On pressentait une révolte dans le Sud, révolte qu'on aurait, sans doute, étouffée en frappant l'esprit des nomades et des Ksouriens par un acte de force.

Malheureusement, les mesures de rigueur, qui auraient évité une campagne pénible, n'étaient point dans les idées de l'époque, alors que l'opinion publique, troublée par les mots d'assimilation, de droit commun, rêvait l'utopie de la fusion des races chrétienne et musulmane.

La majorité des contingents ennemis est actuellement composée de Marocains, auxquels se sont joints les repris de justice et les malfaiteurs venus de tous les points de l'horizon. Conduits par Bou-Amama et les marabouts des Ouled-Sidi-Cheikh, les dissidents, qui, en résumé, ne sont que des pillards, ont les oasis du désert, Figuig et le Maroc pour refuge. Se ravitaillant chez les tribus marocaines, ils peuvent agiter le Sud pendant longtemps et nous obliger à laisser des forces relativement considérables à la frontière pour protéger la colonie contre les incursions.

Il ne faut pas se faire d'illusions, des ramifications, des correspondances existent entre les tribus musulmanes du centre de l'Afrique et la Turquie dont le sultan est le chef de l'Islam dans l'Est. Le vendredi, la prière est faite en son nom.

Notre consul, M. Féraud, a constaté que la révolte de l'Aurès en 1879 était connue à Tripoli le même jour qu'elle éclatait. — Autres preuves : Il télégraphiait, le 12 avril 1881, au gouverneur général de l'Algérie qu'un mouvement se préparait dans le Sud oranais, alors qu'à la même date, dans le cercle de Géryville, on assassinait le lieutenant Weinbrenner. Enfin Ahitaghel, le chef des Touareg-Hoggar qui ont assassiné la mission Flatters, a écrit au caïmakan de Ghadamés une lettre dans laquelle il se vantait de ce haut fait et manifestait le désir que ce massacre fût connu à Constantinople.

Il faut donc être toujours sur le qui-vive, surtout avec les nomades.

Quoique demandant l'aman, les tribus qui rentrent et celles qui n'ont point pris part à l'insurrection, n'en sont pas moins musulmanes, c'est-à-dire que, pour elles, nous sommes des infidèles voués par le Coran à la haine de l'Islam, des envahisseurs qu'ils détestent.

On peut maintenir, maîtriser le Kabyle et l'Arabe du Tell, qui possèdent et exploitent le sol, qui aiment leurs terres et en vivent comme l'Européen ; mais comment répondre des nomades, dont la tente et les troupeaux se déplacent avec une telle rapidité que nos colonnes ne peuvent les atteindre ; qui, toujours errant dans la plaine, nous regardent passer comme le vaincu regarde celui qui l'a terrassé ? Qui peut prévoir l'entraînement que subira l'Arabe de la tente, habitué à lutter sans trêve pour l'existence, ne rêvant qu'aventures, et auquel la religion promet une félicité éternelle s'il meurt en combattant le chrétien ?

Enfin, qui peut affirmer, devant l'Islam en ébullition, que la politique mystérieuse (1) dont la pression se fait sentir en Egypte n'étend pas son action jusqu'au Sahara algérien ?

Juillet 1882.

---

(1) La secte des Snoussi a des ramifications et des adeptes jusqu'à Tchad, au Borgou, au Wadaï.

FIN

Paris et Limoges. — Imp. militaire Henri CHARLES-LAVAUZELLE

Librairie militaire Henri Charles-Lavauzelle

Paris, 11, *place Saint-André-des-Arts.*

RELATION DE L'INSURRECTION DES TROUPES ESPAGNOLES DÉTACHÉES DANS L'ÎLE DE SEELAND, sous les ordres du général Fririon en 1808. avec les pièces justificatives destinées à compléter la relation, par E. Fririon, capitaine au 8ᵉ de ligne. — Brochure in-8º de 96 pages...................... 2 »

HISTOIRE DE LA PARTICIPATION DES BELGES AUX CAMPAGNES DES INDES ORIENTALES NÉERLANDAISES sous le gouvernement des Pays-Bas (1815-1830), par Eugène Cruyplants, capitaine aide de camp du commandant de la garde civique de Gand, officier de l'ordre de Takovo de Serbie, avec trois cartes et un portrait du général Lahure. — Vol. gr. in-8º de 402 p., broché. 5 »

EN ALGÉRIE. — LES OULED SIDI CHEIKH. — Brochure in-8º de 16 p.... » 50

RABELAIS ÉCRIVAIN MILITAIRE, par Albert Rossi, officier d'académie. — Volume in-18 de 156 pages.... .... 2 50

JEANNE D'ARC ET L'ARMÉE FRANÇAISE. — Brochure in-8º de 12 pages. .. » 60

L'ÉDUCATION ET LA DISCIPLINE MILITAIRES CHEZ LES ANCIENS, par Marcel Poullin. — Volume in-32 de 144 pages, broché .... » 50
    Relié toile anglaise................................... » 75

HISTOIRE ANECDOTIQUE DES ANIMAUX A LA GUERRE, par Ludovic Jablonski. — Volume in-12 de 204 pages 2 50

LE DRAPEAU DU 27ᵉ D'INFANTERIE, par le lieutenant Carnot, ouvrage accompagné de 4 cartes en chromolithographie. — Volume grand in-8º.. 3 50

HISTORIQUE DU 75ᵉ D'INFANTERIE, fait sous la direction du colonel Pédoya, commandant le 75ᵉ, d'après les documents puisés au ministère de la guerre, par le capitaine Gérôme, ancien lieutenant au 75ᵉ (1674-1890). — Volume in-8º broché de 288 pages............................... 4 »
    Edition sur beau papier vélin............................. 5 »

HISTORIQUE DU 92ᵉ DE LIGNE, illustré de gravures coloriées hors texte — Volume grand in-8º de 400 pages................................... 20 »

HISTORIQUE DU 95ᵉ RÉGIMENT TERRITORIAL D'INFANTERIE, par Charles Prévot, capitaine au corps. — Volume in-8º de 196 pages................. 3 »

HISTORIQUE DU 3ᵉ RÉGIMENT DE ZOUAVES, rédigé par le lieutenant A. Marjoulet, d'après les ordres du colonel Lucas, commandant le régiment. — Volume grand in-8º de 328 pages... 6 »

LES CHASSEURS A PIED, par le lieutenant Richard, du 20ᵉ bataillon. Magnifique ouvrage orné de nombreuses gravures, lettres à sujets et culs-de-lampe. — Volume grand in-8º raisin de 512 pages, broché............... 10 »
Edition de luxe, couverture soie :
    10 exemplaires sur papier Japon, numérotés à la presse de 1 à 10. 50 »
    20 exempl. sur papier Hollande, numérotés à la presse de 11 à 30. 25 »

ETUDE SUR L'HISTORIQUE DES CHASSEURS A PIED. — Br. in-8º de 68 p... 1 25

HISTORIQUE DU 28ᵉ BATAILLON DE CHASSEURS A PIED, bataillon alpin, rédigé par M. le lieutenant Perreau. par ordre du commandant Michel et d'après les travaux de MM. Euvrard, capitaine, Courtin et Houdin, lieutenants au 28ᵉ bataillon. — Volume in-18 de 72 pages................... 1 »

NOTES SUR LA CAMPAGNE DU 3ᵉ BATAILLON DE LA LÉGION ÉTRANGÈRE au Tonkin. — Volume in-8º de 64 pages................................. 1 »

HISTORIQUE DU 3ᵉ RÉGIMENT DE HUSSARDS de 1764 à 1887, d'après les archives du corps, celles du dépôt de la guerre et autres documents originaux, par Raoul Dupuy, capitaine-commandant au 3ᵉ de hussards, ouvrage illustré de 8 gravures en couleurs, hors texte, et de 7 portraits des colonels ayant commandé le régiment d'un tableau en couleur des drapeaux et d'une photographie-groupe des officiers actuels du corps. — Volume grand in-8º de 184 pages, broché................................. 10 »

ESQUISSE HISTORIQUE DE LA GENDARMERIE FRANÇAISE, par le colonel H. Delattre (2ᵉ édition). — Brochure in-18 de 84 pages............ 2 »

Le catalogue général est envoyé franco à toute personne qui en fait la demande.